学ぶ人は、変えてゆく人だ。

目の前にある問題はもちろん、

人生の問いや、

社会の課題を自ら見つけ、

挑み続けるために、人は学ぶ。

「学び」で、

少しずつ世界は変えてゆける。

いつでも、どこでも、誰でも、

学ぶことができる世の中へ。

旺文社

JN035989

英検分野別ターゲット

文部科学省後援

英検®準2級 ライティング問題

旺文社

はじめに

　本書は実用英語技能検定（英検®）準2級の英作文（ライティング）問題に特化した問題集です。

　旺文社の『英検分野別ターゲット』は，もともと英検上位級対策としてご好評をいただいていたシリーズでした。しかし，英検2級・準2級・3級に英作文が導入され，これらの級もじっくり分野別に対策したいというご要望を多くいただきました。そこでこの度，本シリーズは3級まで幅を広げ，特に需要の高まっている「英作文（ライティング）」を刊行することにいたしました。

　本書には以下のような特長があります。

英検の「採点基準」にそった攻略法を学べる

理想の「書き方（文章の型）」をマスターして，採点されるポイントを確認しましょう。解答に何が求められているかを知ることができれば，ハイスコアをねらえます。

「チェックリスト」と「NG解答例」で振り返り学習ができる

練習問題を解いた後は，チェックリストを使って自分の解答を振り返ることができます。またNG解答例も紹介しているので，間違った英文や言い回しについても知ることができます。

パソコンでCBT対策もできる

Web特典では模範解答の音声を聞いたり，解答用紙をダウンロードしたりできます。また，タイピング練習などのCBT対策もできます。

　本書をご活用いただき，英検準2級に合格されることを心よりお祈りしております。

　終わりに，本書を刊行するにあたり，多大なご尽力をいただきました桐朋中学校・高等学校 秋山安弘先生に深く感謝の意を表します。

旺文社

※本書の内容は，2020年2月時点の情報に基づいています。受験の際は，英検ウェブサイト等で最新情報をご確認ください。

※英検1～3級では2024年度から一部の問題の形式が変わります。本書は，2023年度までの試験形式に対応していますが，以下のウェブサイトの情報と合わせて新試験対策ができます。
URL : https://eiken.obunsha.co.jp/2024renewal/

CONTENTS

Chapter 1 攻略ポイント

Chapter 2 練習問題

Chapter 3 模擬テスト

執筆 秋山 安弘 (桐朋中学校・高等学校)
編集協力 株式会社 シー・レップス, 笹部 宣雅,
          Nadia McKechnie, Michael Joyce
装丁・本文デザイン 相馬 敬徳 (Rafters)
録音 ユニバ合同会社 (Julia Yermakov)

本書の利用法

Chapter 1 攻略ポイント

「問題形式と過去問分析」で問題形式と過去問の傾向を確認しましょう。その後，英作文の書き方と攻略法を詳しく解説していますので，よく読んで覚えましょう。

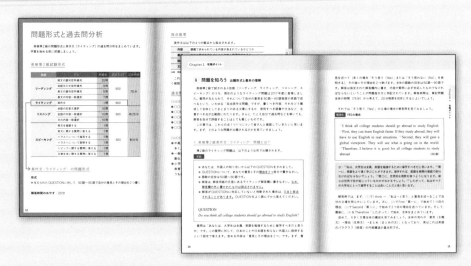

Chapter 2 練習問題

まずは練習問題に挑戦しましょう。ヒントとメモ欄つきで，より取り組みやすくなっています。模範解答とNG解答例を確認してから，最後に自分の解答を振り返りましょう。

練習問題
QUESTIONをよく
読み，ヒントを参考
に考えましょう

メモを書こう
解答を書く前に，
メモを完成させま
しょう

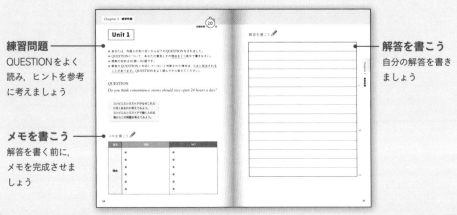

解答を書こう
自分の解答を書き
ましょう

メモの例
メモのお手本を
確認しましょう

模範解答
模範解答は2パターン
あり, 音声でも聞くこ
とができます

訳
QUESTION と
模範解答の訳

NG解答例
NG (だめ) な解答と,
その理由, 正しい書
き方を知ることがで
きます

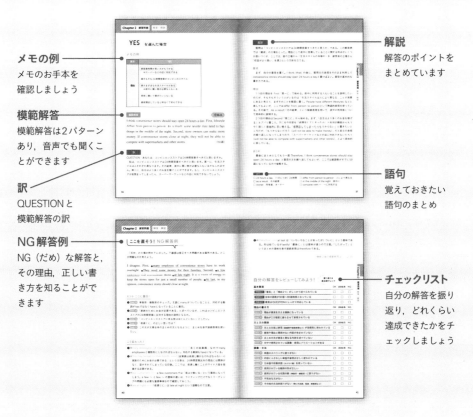

解説
解答のポイントを
まとめています

語句
覚えておきたい
語句のまとめ

チェックリスト
自分の解答を振り
返り, どれくらい
達成できたかをチ
ェックしましょう

Chapter 3 模擬テスト

実際の試験にそっくりな模擬テストに挑戦しましょう。

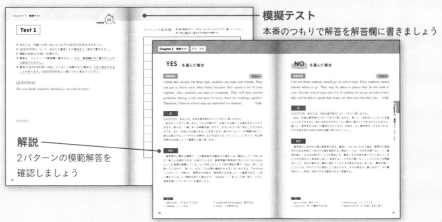

模擬テスト
本番のつもりで解答を解答欄に書きましょう

解説
2パターンの模範解答を
確認しましょう

音声について

本書に収録されている模範解答は，すべて音声でお聞きいただけます。解説ページの
(1) 01-A の表示をご確認ください。
音声は以下の2つの方法で聞くことができます。

公式アプリ「英語の友」（iOS/Android）で聞く場合

❶「英語の友」公式サイトより，アプリをインストール
https://eigonotomo.com/
（右のQRコードでアクセスできます）

英語の友   検索

❷ライブラリより「英検分野別ターゲット 英検準2級 ライティング問題」を選び，「追加」
ボタンをタップ

●本アプリの機能の一部は有料ですが，本書の音声は無料でお聞きいただけます。
●詳しいご利用方法は「英語の友」公式サイト，あるいはアプリ内ヘルプをご参照ください。

パソコンに音声データ（MP3）をダウンロードして聞く場合

❶Web 特典ページにアクセス（詳細は，p.9をご覧ください）

❷「音声データダウンロード」から聞きたいChapterを選択・クリックしてダウンロード

●音声ファイルはzip形式にまとめられた形でダウンロードされます。
●音声の再生にはMP3を再生できる機器などが必要です。ご使用機器，音声再生ソフト等に関する技術的な
　ご質問は，ハードメーカーもしくはソフトメーカーにお願いいたします。

PC・スマホでできる 英作文トレーニングについて

　Web特典の「英作文トレーニング」では，本書の模擬テストにPC・スマホで挑戦できます。「読んで攻略」「聞いて攻略」「音読で攻略」「タイピングで攻略」の4つのトレーニングを通して，ライティング力をさらにアップさせましょう。

　「タイピングで攻略」は，制限時間内にどれだけ正確に模範解答をタイピングできるかをチェックできます。CBT対策として，キーボードでの学習がオススメです。

「Web特典」アクセス方法

パソコンより以下URLにアクセスし，パスワードを入力してください。

URL: https://eiken.obunsha.co.jp/target/p2q/authenticate.html

パスワード：p2ktte　※すべて半角英数字

（右のQRコードでアクセスすればパスワードは不要です）

そのほかの特典内容

音声ダウンロード

本書の模範解答音声（MP3）がダウンロードできます。

「解答用紙」ダウンロード

本番にそっくりな解答用紙（PDFファイル）をダウンロードすることができます。上手く書けるように，試験直前に必ず練習しましょう。

●音声およびWeb特典のサービスは予告なく終了することがあります。

Chapter 1
攻略ポイント

問題形式と過去問分析

1 問題を知ろう 出題形式と基本の理解

2 書いてみよう ライティング問題へのアプローチ

3 攻略ポイントを学ぼう 自分の解答をレビューする

解答の基本形と使える表現

問題形式と過去問分析

　英検準2級の問題形式と英作文（ライティング）の過去問分析をまとめています。学習を始める前に把握しましょう。

英検準2級試験形式

技能	形式	問題数	満点スコア	試験時間
リーディング	短文の語句空所補充	20問	600	75分
	会話文の文空所補充	5問		
	長文の語句空所補充	5問		
	長文の内容一致選択	7問		
ライティング	英作文	1問	600	
リスニング	会話の応答文選択	10問	600	約25分
	会話の内容一致選択	10問		
	文の内容一致選択	10問		
スピーキング	英文を音読する	1問	600	約6分
	英文に関する質問に答える	1問		
	イラストについて描写する	1問		
	イラストについて説明する	1問		
	トピックに関する質問に答える	1問		
	日常生活に関する質問に答える	1問		

英作文（ライティング）の問題形式

形式

● 与えられたQUESTIONに対して，50語〜60語で自分の意見とその理由を2つ書く

解答時間のめやす：20分

採点基準

英作文は以下の4つの観点から採点されます。

内容	課題で求められている内容が含まれているかどうか
構成	英文の構成や流れがわかりやすく論理的であるか
語彙	課題に相応しい語彙を正しく使えているか
文法	文構造のバリエーションやそれらを正しく使えているか

出典：英検ウェブサイト

　これらの採点基準については，次のページから始まる「攻略ポイント」で詳しく確認しましょう。

過去問分析　※2017年度第1回〜2019年度第3回のテストを旺文社で独自に分析しました

QUESTIONの頻出形式
● ○○と△△どちらが良いと思いますか
● ○○は良いことだと思いますか
● ○○は大切だと思いますか
● ○○は〜すべきだと思いますか
● ○○に最も適した〜は何ですか

QUESTIONの対象
● 中高生や大学生に関する質問が最も多く，学校生活を主なテーマとする
● 一般的な質問では食事や買い物，移動など日常生活に関する質問が多い
● 小学生以下の子供に関する質問は，教育や環境が子供に与える影響を問うものが多い

幼児〜
小学生
23%

中高生〜
大学生
46%

一般
31%

1 問題を知ろう 出題形式と基本の理解

英検準2級で試される4技能（リーディング，ライティング，リスニング，スピーキング）のうち，現在のようなライティング問題は2017年度に登場しました。質問が与えられて，それについて自分の意見を50語〜60語程度の英語で述べるという，いわゆる「自由英作文問題」ですが，書くべき内容，それをどう構成して全体としてまとまりのある文章にするか，使用すべき語彙や文法など，注意すべき点が広範囲にわたります。さらに，たとえ自分で過去問などを解いても，解答を自分で評価することはとても難しいものです。

この章では，これらの点1つ1つについて皆さんと確認していきたいと思います。まず，どのような問題が出題されるのかを見ていきましょう。

1. 英検準2級英作文（ライティング）問題とは？

準2級のライティング問題は，以下のような形で出題されます。

例題

- あなたは，外国人の知り合いから以下のQUESTIONをされました。
- QUESTIONについて，あなたの意見とその理由を2つ英文で書きなさい。
- 語数の目安は50語〜60語です。
- 解答は，解答用紙のB面にあるライティング解答欄に書きなさい。なお，解答欄の外に書かれたものは採点されません。
- 解答がQUESTIONに対応していないと判断された場合は，0点と採点されることがあります。QUESTIONをよく読んでから答えてください。

QUESTION

Do you think all college students should go abroad to study English?

質問は「あなたは，大学生は全員，英語を勉強するために留学すべきだと思うか」です。この質問に対して，日本のことや日本語を知らない外国人に説明するという設定で答えます。含める内容は「意見とその理由を2つ」です。まず，意

見を述べて（多くの場合「そう思う（Yes）」または「そう思わない（No）」を表明する），その後にその理由を2つ挙げます。全体の語数の目安は50語～60語です。解答は指定された解答欄内に書き，内容が質問に必ず対応したものでなければならないということが問題指示文に明記されています。解答時間は，筆記問題全体の時間（75分）から考えて，20分程度を目安にするとよいでしょう。

それでは「そう思う（Yes）」の立場の場合の解答例を見てみましょう。

解答例 YESの場合

(1)I think all college students should go abroad to study English. (2)First, they can learn English faster. If they study abroad, they will have to use English in real situations. (3)Second, they will gain a global viewpoint. They will see what is going on in the world. (4)Therefore, I believe it is good for all college students to study abroad.

(60語)

訳：(1)私は，大学生は全員，英語を勉強するために留学すべきだと思います。(2)第一に，英語をより速く学ぶことができます。留学すれば，英語を実際の場面で使わなければならないでしょう。(3)第二に，世界的な視野を持つようになります。彼らは世界で何が起こっているのかがわかるでしょう。(4)したがって，私はすべての大学生にとって留学することは良いことだと強く思います。

解答例では，まず，(1)でI think ～.「私は～と思う」と意見を述べることで自分の立場を明らかにしています。次に，(2)でFirst「第一に」で始めて1つ目の理由，(3)でSecond「第二に」で始めて2つ目の理由を述べています。そして，最後に，(4)をTherefore「したがって」で始め，全体をまとめています。

改めて，大きく文章全体の構成を見てみましょう。全体の流れが「意見（主題文）→理由（支持文）→まとめ（まとめの文）」となっており，実はこれは英語のパラグラフ（段落）の内部構造の基本形です。

2. パラグラフライティングの基本

　それでは，英語のパラグラフ（段落）はどのような内部構造になっているので
しょうか。英語のパラグラフには「1つのパラグラフには1つの主題」という考え
があります。つまり，1つのパラグラフには1つの中心的な内容（主題）とそれ
を補う内容のみが含まれるということです。同一パラグラフ内で別の意見や考え
を述べることはできず，その場合には新しいパラグラフにしなければなりません。
　基本構造は以下のようになっています。

パラグラフの基本構造

Topic Sentence（主題文）
主張や意見など中心となる内容を述べる文。
↓
Supporting Sentences（支持文）
主題文の内容について，理由や例などを提示してサポートする文。
普通，複数の文で構成される。この部分の内容により
主題文の主張や意見が説得力のあるものになるかどうかが決まる。
↓
Concluding Sentence（まとめの文）
パラグラフ全体をまとめる文。基本的に主題文と同じ内容である。
省略されることも多い。

　以上のことから，英語のパラグラフをつくる際は，基本的に「主題文」「（複数
の）支持文」「まとめの文」の3つの要素を「主題文→支持文→まとめの文」と
いう順番で提示するということをおさえましょう。ちなみに，このパラグラフの
内部構造に関する知識は，英語の文章を読むときにも非常に役立ちます。
　それでは，この構造を頭に置いて，前のページの例題の解答例をもう一度見て
みましょう。自分の意見を述べた(1)が主題文であり，その理由を述べた(2)から
(3)にかけての4文が支持文，全体をまとめた(4)がまとめの文です。解答例全体
が1段落から成り，パラグラフの基本構造を持っていることに気づくことでしょ
う。このような構造に従って書いた英作文をパラグラフライティングと呼びます。

2　書いてみよう　ライティング問題へのアプローチ

　前ページまででは，準2級のライティング問題の例題を見て，その解答が英語のパラグラフの基本構造を持つパラグラフライティングであることがわかりました。問題の概要と解答すべき内容は理解できたでしょうか。さて，ゴールが見えましたから，次にそのゴールへのアプローチの方法を見ていきましょう。

1. 解答作成の流れ：3つのステップ

　準2級のライティングのような自由英作文問題に解答する際に大事なことは，いきなり書き始めるのではなく，必要な手順を踏むことです。その手順には，

ステップ1　構想を練る
ステップ2　英語で書く
ステップ3　読み手となって確認する

の3つのステップがあります。p.14の例題を使って，どのようにして解答例のような文章ができたのか，そのプロセスを一緒にたどってみましょう。

ステップ1　構想を練る（所要時間の目安：約5分）

　問題を見たら，まず，質問の内容を正確に理解しましょう。これを間違えると質問と関係のない内容を答えてしまうことになり，問題指示文にある通り「0点と採点される」危険もありますので注意しましょう。

　書くべきことは「意見」と「理由2つ」です。ここで大事なのは，「構想を練る」こと，つまり，実際に英語で書き始める前に，何を書くかよく考えることです。このステップが解答作成の上で非常に重要なのは，ここで文章全体の内容と論理構造がほぼ決まるからです。説得力のある，しっかりとした構成の文章になるかどうかは，このステップにかかっており，構想をしっかり練っておけば，次のステップでは，その内容をいかにして英語で表現するかという課題のみに集中することができます。

　構想は簡単なメモにしてまとめましょう。例えば，p.14の例題の質問 *Do you think all college students should go abroad to study English?* に対して，次のようなメモを作成します。

意見	YES	NO
理由	●英語は将来大切 ●英語の上達が速い ●他の文化を知ることができる ●世界的な視野が持てる	●外国で危険な目にあうかも ●費用が高い

　まずは，質問に対して，賛成（Yes）か反対（No）かという自分の意見を決めます。必ずどちらか一方の立場を選びましょう。

　次に「理由」を書きます。最初はあまり深く考えず，理由として思いつくものを短くどんどん書き出していくのがコツです。選んだ立場の理由のみを書き出してもよいですし，Yes と No の両方の立場の理由を書き出してみて，解答を書きやすそうな方を選ぶという手もあります。

　立場が決まり理由の書き出しも終わったら，その中から，普遍性があり説得力がありそうな理由を2つ選びます。ここではYes の立場を選び，理由として挙げた4つから「英語の上達が速い」と「世界的な視野が持てる」の2つを選ぶことにします。そして，選んだ2つについてさらに詳しく，どんな根拠や例などが挙げられるかを考えます。例えば「英語の上達が速い」に対してはどうしてそういうことにつながるのかを，「世界的な視野が持てる」に対しては具体的にどういうことが可能になるかをメモします。そして，最後に2つの理由の提示順を決めれば，次のようなメモが完成して，ステップ1の終了です。

意見	YES
理由	●英語は将来大切 ●英語の上達が速い　…理由① ⇒実際の場面で英語を使わなければならない ●他の文化を知ることができる ●世界的な視野が持てる　…理由② ⇒世界で何が起こっているのかがわかる

ステップ2　英語で書く （所要時間の目安：約10分）

　ステップ2では，ステップ1のメモをベースに実際の解答を書いていきます。

❶意見（主題文）　1文

　p.16のパラグラフライティングのところで見たように，最初に主題文として，自分の意見を書きます。ここではYes（大学生は全員，英語学習のために留学すべき）という立場を選んだので，質問文の表現を利用して次のように書きました。

> **解答例** I think all college students should go abroad to study English.

> **理由がくることの前置き**
>
> 理由を述べる前に I have two reasons (for my opinion). などの文を入れると，次に理由が2つくることがはっきりしてわかりやすくなります。ただし，この文は必須のものではありません。

❷理由1（支持文）　2文程度

　次に理由を書きます。全体の文章の語数の目安が50語〜60語なので，1つの理由について2文で書くように心がけるとそれに近い分量になります。メモの「理由①」には次のように書きました。

理由	●英語の上達が速い ⇒実際の場面で英語を使わなければならない

　このメモの内容を英語に直していきます。まず，最初の理由であることをFirst「第一に」で示します。「上達が速い」は「より速く学べる」と考えましょう。その後で，どうしてそうなるのかの根拠として，留学すると英語を使わなければならない状況に置かれると説明します。

> **解答例** First, they can learn English faster. If they study abroad, they will
> have to use English in real situations.

❸理由2（支持文）　2文程度

次に，2つ目の理由を書きます。メモの「理由②」は次の通りでした。

理由	●世界的な視野が持てる →世界で何が起こっているのかがわかる

　まず，Second「第二に」で始めて，2つ目の理由がくることを示します。2つ目理由も2文程度に膨らませて表現します。最初に「世界的な視野が持てる」とやや抽象的に述べ，その後で，その内容をもう少し具体的に「世界で何が起こっているのかがわかる」と言い換えます。

> **解答例** Second, they will gain a global viewpoint. They will see what is going on in the world.

❹まとめの文　1文

　最後に文章全体のまとめの1文を書きます。主題文の意見と異なる内容や主題文に含まれない余分な内容を述べてはいけません。結論を導く Therefore「したがって」などの接続表現で始めます。

> **解答例** Therefore, I believe it is good for all college students to study abroad.

　内容としては主題文をそのまま用いることも可能ですが，それでは表現が単調になってしまいます。この解答例では，2つの理由を提示した後ですから，I think ....「…と思います」を I believe ....「…と強く思います」にして表現を強めています。さらに，believe の後も形式主語の構文を用い，質問文とは違う文法構造にしてバリエーションを持たせていることにも注目しましょう。

　このまとめの文は，内容的に主題文の繰り返しになりますので，省略することも可能です。「50語〜60語」と指定された総語数に応じて，入れるか入れないかを判断すればよいでしょう。

ステップ3　読み手となって確認する（所要時間の目安：約5分）

　一通り書き終わったら，今度は自分が読み手となって，全体を読み直します。短時間でもさっと読み直すと，思わぬミスを発見できるものです。自分が採点者

になったつもりで，自分の解答のレビュー（評価）に挑戦してみましょう。確認すべきポイントは p.24 以降でまとめています。

【参考】「反対」の場合

　参考までに，「反対」の立場をとった場合の解答例も見てみましょう。

解答例　**NOの場合**

---

(1)I do not think so. (2)First of all, studying abroad is expensive. Some students may have to give up studying at college. (3)Secondly, people can study English easily in Japan now. For example, thanks to the Internet, they can take online lessons with native speakers of English. (4)Therefore, I disagree with the idea that all college students should study abroad.

（60語）

訳： (1)私はそうは思いません。(2)まず第一に，留学は高額です。大学で勉強することをあきらめなければならない学生がいるかもしれません。(3)第二に，今や英語は日本で簡単に学べます。例えば，インターネットのおかげで，英語のネイティブスピーカーのオンラインレッスンを受けることができます。(4)したがって，私はすべての大学生が留学すべきだという考えに反対です。

2.「理由」の書き方

　さて，一通り解答作成までのプロセスを見てきましたが，コツはつかめたでしょうか。おそらく，皆さんが一番難しいと感じているのは，理由の書き方でしょう。理由1つにつき原則2文で書きますが，1文目と2文目は，

「ズバリ！」→「詳しく」

を基本に考えると書きやすくなります。1文目でその理由の中心的な内容を短くズバリ書き，2文目で1文目の内容をより詳しく丁寧に説明していきます。そのやり方はさまざまですが，主に次の4つを指針とすると考えやすいでしょう。

① 「つまり〜である」（言い換える）

　1文目の内容をより詳しく具体的に言い換えて「つまり，〜ということです」となる内容を書きます。下の例では「世界的な視野の獲得」とはどうなることなのかをより詳しく説明しています。

　　Second, they will gain a global viewpoint.
　　「第二に，彼らは世界的な視野を持つようになるだろう」
　　　　　　　　　　　　　↓「世界的な視野の獲得」を言い換える
　　They will see what is going on in the world.
　　「彼らは世界で何が起こっているのかがわかるだろう」

② 「例えば〜」（例を示す）

　1文目の内容の具体例を示します。For example「例えば」で始めて書くとわかりやすくなります。具体例として自分の体験を説明することも可能です。下の例では，日本にいても可能な英語学習の一例を具体的に説明しています。

　　Secondly, people can study English easily in Japan now.
　　「第二に，今や英語は日本で簡単に学べる」
　　　　　　　　　　　　　↓日本でできることの一例を示す
　　For example, thanks to the Internet, they can take online lessons with native speakers of English.
　　「例えば，インターネットのおかげで，英語のネイティブスピーカーのオンラインレッスンを受けられる」

③ 「〜できる［できない］」（利点［問題点］を示す）

　1文目の利点を示します。2文目で「もし〜ならば，…できます」と，それによって可能になることを説明します。次の例では，世界的な視野が持てれば，将来国際的企業に就職できるかもしれないという利点を説明しています。

Second, they will gain a global viewpoint.
「第二に，彼らは世界的な視野を持つようになるだろう」

↓世界的な視野を持つことの利点を示す

If they have it, they will be able to work for international companies in the future.
「それがあれば，将来国際的企業で働くことができるだろう」

　意見が No の場合には，１文目の結果生じる問題点を指摘することも可能です。下の例では，多額の費用により大学進学をあきらめなければならない学生も出てくると展開しています。

First of all, studying abroad is expensive.「まず第一に，留学は高額である」

↓多額の費用により生じる問題点を示す

Some students may have to give up studying at college.
「大学で勉強することをあきらめなければならない学生がいるかもしれない」

④「〜すべきだ［すべきでない］」（提言する）

　１文目の状況を受けて，２文目でどうすべきかを提言します。下の例では，留学費用が高いことを受けて，学校はその費用についてもっと深く考えるべきだと提言しています。

First of all, studying abroad is expensive.「まず第一に，留学は高額である」

↓費用を根拠に提言する

Schools should think more deeply about the high cost for students.
「学校は学生のためにその高い費用についてより深く考えるべきである」

　理由の展開のパターンは他にもありますが，上の４つを頭に置いておけば，理由の２文目でどのようなことを付け加えて内容を膨らませたらよいかのヒントになることでしょう。

3 攻略ポイントを学ぼう　自分の解答をレビューする

まとめとして，英検公式サイトで公開されている4つの観点による評価基準を基に，良い解答・良くない解答とはどのようなものかを考えていきましょう。それをふまえて，最後には自分の解答をレビューできるようになるのが目標です。

1. 評価基準

ライティング問題の解答は以下の4つの観点で採点されます。各観点0〜4点の5段階で，満点は16点となります（英検CSEスコアの満点は600）。

観点1：内容　課題で求められている内容が含まれているかどうか

問題指示にあるように，書くべき内容は「意見」と「理由2つ」です。意見は，Do you 〜?の質問の場合，YesかNoのいずれか1つに絞ります。理由は自分の意見を支持するものですから，逆の立場の論拠になってしまうものは避けましょう。さらに，単に「面白いから」や「高価だから」だけでなく，面白いことの具体例を挙げたり，高価だからどういうことにつながるのかなど，内容を膨らませて書きましょう。

観点2：構成　英文の構成や流れがわかりやすく論理的であるか

まず，全体が「意見」→「理由2つ」（→「まとめ」）という流れになっていなければなりません。文と文の流れをわかりやすくする接続詞や接続表現が正しく，効果的に用いられていることも大切です。また，意見や理由に関係のない内容を書くことは全体の流れをわかりにくくするのでやめましょう。

観点3：語彙　課題に相応しい語彙を正しく使えているか

使用する単語は正しいスペリングで，意見や理由を伝えるのに適した意味でなければなりません。また，単語それぞれの語法や単語同士の相性（コロケーション）にも気をつけましょう。さらに，設定は「外国人の知り合いの質問に答える」ですから，外国人に伝わらないような日本語のローマ字表記や和製英語（カタカナ語）を使ってはいけません。

観点4：文法　文構造のバリエーションやそれらを正しく使えているか

　動詞の形や名詞の単数・複数形など，文法的な誤りに気をつけましょう。また，同じ表現や文の形が続いて単調な文章にならないようにしましょう。さらに「書き言葉」であることを意識して，不完全な文に注意し，必ず文単位で書きましょう。

2. 注意すべきポイント

　以上4つの観点を，具体的な解答例を使って考えていきましょう。ここでは，p.14の例題のNG解答例を提示します。自分が採点者になったつもりで，どこに問題があるのかを考えてみましょう。

NG解答例

（意見）*I think college students should study English harder. …*

ここがNG ▶▶▶ QUESTIONで求められている答えになっていない。

　質問は「大学生全員が英語学習のために留学すべきだと思うか」なので，求められている答えは，上の例にあるように「大学生はもっと一生懸命英語を勉強すべきだ」ということではありません。内容が質問に対応していない場合，0点になってしまうこともありますから気をつけましょう。

NG解答例

（意見）*I think all college students should study abroad, but some students may learn English in Japan. …*

ここがNG ▶▶▶ 意見があいまいである。

　上の例にあるように「大学生は全員留学すべきだと思うが，日本で英語を勉強する人がいてもいい」のようなあいまいな意見は書くべきではありません。意見を述べるときには，必ずYesかNoどちらか一方の立場をとりましょう。

NG解答例

（意見・理由）I do not think so. First, *studying abroad is expensive.* Second, people can study English easily in Japan now. …

ここが NG ▸▸▸ 理由が短くて説明不足。

　理由は2文程度に膨らませて表現することを心がけましょう。上の例にある1つ目の理由は「留学にはお金がかかるから」で終わってしまっています。その内容をさらに説明したり，例を挙げたりして，説得力のあるものにする必要があります。

NG 解答例

（Yes の理由）First, they can learn English faster. *Talking with international students in English in Japan is now popular among Japanese students.* …

ここが NG ▸▸▸ 文脈に矛盾する内容や関係のない内容がある。

　上の例は1つ目の理由を展開した文ですが，主語の「日本で留学生と英語で話すこと」は留学することとは矛盾する内容です。さらに，それが「日本の学生に人気がある」ことは，前文の「英語がより速く学べる」ことと関係ありません。このような文があると論理的な文章にならず，わかりにくくなります。

NG 解答例

（理由）Second, they will gain a global viewpoint. In other words, they will be able to be active as *kokusaijin* in the future. …

ここが NG ▸▸▸ 日本語や和製英語（カタカナ語）をそのまま使っている。

　「国際人」というような日本語を使うことはできません。どうしても使う必要があるときには，*kokusaijin,* or an internationally-minded person「国際人，つまり国際的感覚のある人」などと英語で説明する必要があります。

NG 解答例

（意見・理由）I agree. First, *I like learning English in real situations. When I was a college student, I went to Canada and had a good time.* …

ここが NG ▸▸▸ 理由として個人的な好みや経験だけしか説明していない。

　全大学生の留学に賛成する理由として「私が実際の場面で英語を学ぶのが好きだから」では理由として説得力が足りません。理由はできるだけ一般的なことを

書くように心がけ，個人的な好みや経験だけを書くのは避けましょう。

NG解答例

（意見・理由） I do not think so. *Because studying abroad is expensive. …*

ここがNG ▸▸▸ 文として不完全である。

〈because ＋主語＋動詞…〉は文として成立しません。This is because 〜 . などとして，完全な文にしなければいけません。解答は，名詞の列挙または不定詞や動名詞などだけで終わらないよう，主語と動詞の整った完全な文で書きましょう。

NG解答例

（理由） Second, they will gain a global viewpoint. *By the way,* they will see what is going on in the world. …

ここがNG ▸▸▸ 不適切な接続詞や接続表現が使用されている。

上の例では Yes の2つ目の理由として「世界的な視野が持てる」とし，さらに「ところで，世界で何が起こっているのかがわかる」となっています。ここで用いるべき接続表現は In other words「つまり」などです。接続詞や接続表現は論理的な文章を書くためには不可欠ですが，正しく使わないとかえってわかりにくい文章になってしまうので気をつけましょう。

3. チェックリスト

解答を評価するときのチェックポイントを以下にチェックリストとしてまとめました。解答をレビューするときに利用しましょう。リストにある「基本事項」の3つは問題の指示文で解答に求められている内容です。

自分の解答をレビューしてみよう！

振り返り&
達成度チェック

基本事項

	OK	まあまあ	NG
問題指示 「意見」と「理由2つ」がしっかり述べられている	☐	☐	☐
問題指示 全体の語数が50語〜60語程度となっている	☐	☐	☐
問題指示 意見はQUESTIONにしっかり対応している	☐	☐	☐

理由の書き方

	OK	まあまあ	NG
Check 1 理由が意見を支える論拠になっている	☐	☐	☐
Check 2 理由が2文程度に膨らませて表現されている	☐	☐	☐

文と文の関係

	OK	まあまあ	NG
Check 3 文と文を結ぶ表現（接続詞や接続表現など）が効果的に使われている	☐	☐	☐
Check 4 意見や理由と関係のない内容が含まれていない	☐	☐	☐
Check 5 まとめの文が意見と異なる内容を述べていない	☐	☐	☐
Check 6 文中で使用されている語彙・表現にバリエーションがある	☐	☐	☐

語彙・文法

	OK	まあまあ	NG
Check 7 単語のスペリングに誤りがない	☐	☐	☐
Check 8 内容にふさわしい単語や表現が正しく使われている	☐	☐	☐
Check 9 日本語や和製英語（カタカナ語）を使っていない	☐	☐	☐
Check 10 使用されている動詞の形が正しい	☐	☐	☐
Check 11 使用されている名詞の数（単数形・複数形）に誤りがない	☐	☐	☐
Check 12 不完全な文がない	☐	☐	☐
Check 13 その他の文法的誤りがない（特に代名詞，冠詞，助動詞など）	☐	☐	☐

4. レビューの例：解答例ビフォー・アフター

　ここでは，具体的に問題点のある解答例を見て，より良い解答にするにはどうしたらよいのかを考えてみます。前ページのチェックリストを意識しながら，以下に示す「ビフォー」解答例のレビューに挑戦しましょう。

● あなたは，外国人の知り合いから以下のQUESTIONをされました。
● QUESTIONについて，あなたの意見とその理由を2つ英文で書きなさい。
● 語数の目安は50語〜60語です。

QUESTION
Do you think young people should participate in local traditional events?

ビフォー

次の下線部は修正すべき問題がある箇所です。どこが問題なのか考えましょう。

I think young people should participate in local traditional events. ❶Because local traditional events are a big part of culture. ❷There are a lot of ways to celebrate local traditions. ❸Another reason, people ❹become to know each other in these events. For example, these events give young people the chances to communicate with elderly people. For these reasons, I think young people should join traditional events.

❺(66語)

ヒント ここに着目！ ※ `Check` は関連するチェックポイントを指す（p.28参照）

❶ `Check 12` because はwhenやthoughなどと同じく2つの文をつなぐ接続詞。
❷ `Check 4` 「祝う方法が多くある」という意味だが，前文とのつながりは？
❸ `Check 3` 2つ目の理由を述べるところ。適切な接続表現は？
❹ `Check 8` 「お互いに知り合いになる」という意味にしたい。
❺ `問題指示` 語数が多すぎる。どこを削るか？

アフター

❺Yes, I do. ❶This is because local traditional events are a big part of culture. ❷It is important to hand down traditions to future generations. ❸Moreover, people ❹get to know each other in these events. For example, these events give young people the chances to communicate with elderly people. For these reasons, I think young people should join traditional events.　　　　　　（60語）

訳

QUESTION：あなたは，若者は地元の伝統的な行事に参加すべきだと思いますか。

　はい，そう思います。これは，地元の伝統的な行事は文化の重要な一部だからです。伝統を未来の世代に伝えていくことは大切なことです。さらに，これらの行事では人々がお互いに知り合うことになります。例えば，これらの行事は若者にお年寄りと交流する機会を与えてくれます。これらの理由により，若者は伝統的な行事に参加すべきだと思います。

こう変わった！

❶→〈Because＋文〉の従属節だけでは完全な文として成立しません。This is because 〜.「これは〜だからです」などとして，文としての形を整えた完全な文で書きましょう。

❷→「地元の伝統を祝う多くの方法がある」は，前文の「地元の伝統的な行事は文化の重要な一部である」と内容的にかみ合わず，どうつながるのかもはっきりしません。ここでは，前文の「文化の重要な一部」を受けて「未来の世代へ伝えるべきだ」と提言することで内容を膨らませました。

❸→Another reasonは「もう1つの理由」という意味の名詞句で，接続表現ではありません。「さらに，また」と付加を表す接続表現には，moreover，furthermore，in addition，alsoなどがあります。おさえておきましょう。

❹→「〜するようになる」はget to doまたはcome to doを用います。

❺→ここでは，冒頭の意見を述べる部分をYes, I do.と短くしましたが，まとめの文を省略する方法もあります。このように，全体が長すぎてしまった場合には，意見の部分を短くしたり，まとめの文を省略したりして調整することができます。

解答例　**NO の場合**

I do not think young people should participate in local traditional events. First, these events are often boring for young people. They prefer to take part in other kinds of events with their friends. Second, many young people are busy with their studies or work. Usually, these local events require a lot of preparation, and they cannot spare the time.

(60 語)

訳：私は若者が地元の伝統的な行事に参加すべきだとは思いません。第一に，これらの行事は若者にとって退屈なことがよくあります。彼らは友達と他の種類の行事に参加する方を好みます。第二に，多くの若者は勉強や仕事で忙しいのです。通常，これらの地元の行事には多くの準備が必要ですが，彼らはその時間を割くことができません。

解答の基本形と使える表現

解答の基本形

❶I think [do not think] that _____. ❷I have two reasons. ❸First, _____. _____. ❹Second, _____. _____. ❺Therefore, I think [do not think] that _____.

使える表現

❶意見（主題文）

I think [do not think] (that) ....「私は…だと思います［思いません］」

I (strongly) believe (that) ....「私は…だと強く思います」

In my opinion, ...「私の意見では…」

(Yes,) I think so. / (No,) I do not think so.

「（はい，）私はそう思います/（いいえ，）私はそう思いません」

❷理由がくることの前置き（必須要素ではない）

I have two reasons (for this).「（これに対して）理由は2つあります」

There are two reasons (for my opinion).

「（私の意見に対して）理由が2つあります」

❸・❹理由（支持文）

First(ly), ... Second(ly), ～.「第一に…。第二に～」

One reason is that .... Another reason is that ～.

「1つの理由は…です。またもう1つの理由は～です」

This is because ....「これは…だからです」

First of all, ...「まず第一に…」　To begin [start] (with), ...「最初に…」

Also [Furthermore, Moreover, In addition], ...「また…，さらに…」

❺まとめの文（省略されることも多い）

Therefore, ...「したがって…」

For these (two) reasons, ...「これら（2つ）の理由により…」

That is why ....「そういうわけで…です」

Chapter 2
練習問題

目標時間　20分

Unit 1

- あなたは，外国人の知り合いから以下のQUESTIONをされました。
- QUESTIONについて，あなたの意見とその<u>理由を2つ</u>英文で書きなさい。
- 語数の目安は50語〜60語です。
- 解答がQUESTIONに対応していないと判断された場合は，<u>0点と採点される</u><u>こと</u>があります。QUESTIONをよく読んでから答えてください。

QUESTION

Do you think convenience stores should stay open 24 hours a day?

> コンビニエンスストアがなぜこれだ
> け多くあるのか考えてみよう。
> コンビニエンスストアで働く人の立
> 場からこの問題を考えてみよう。

メモを書こう 🖊

意見	YES	NO
理由	● ● ● ● ● ●	● ● ● ● ● ●

解答を書こう ✏️

5

10

15

YES を選んだ場合

メモの例

意見	YES
理由	●営業時間が長い方がもうかる 　⇒スーパーなどの店に対抗できる ●そもそも24時間営業がコンビニのスタイル ●さまざまな生活スタイルがある 　⇒夜中に買い物が必要な人もいる ●夜に働いて稼ぎたい人もいる ●夜開店していると明るくて安心できる

模範解答　　　　　　　　　　　　　　　　))) 01-A

I think convenience stores should stay open 24 hours a day. First, lifestyle differs from person to person. As a result, some people may need to buy things in the middle of the night. Second, store owners can make more money. If convenience stores close at night, they will not be able to compete with supermarkets and other stores.

(59語)

訳

QUESTION：あなたは，コンビニエンスストアは24時間営業すべきだと思いますか。

　私は，コンビニエンスストアは24時間営業すべきだと思います。第一に，生活スタイルは人それぞれ異なります。その結果，夜中に買い物が必要な人もいるかもしれません。第二に，店主はより多くのお金を稼ぐことができます。もし，コンビニエンスストアが夜閉まってしまったら，スーパーマーケットなどの店に対抗できないでしょう。

解説

　質問は「コンビニエンスストアは24時間営業すべきだと思うか」である。この解答例では「賛成」の立場をとった。理由として夜中に営業していることに関する利点がいくつか思いつくが，ここでは，客の立場から「生活スタイルの多様化」を，経営者の立場から「収益がより高い」を選ぶという方針を立てる。

意見

　まず，自分の意見を書く。I think (that) の後に，質問文の表現をそのまま利用して convenience stores should stay open 24 hours a day と書けばよい。意見の基本的な書き方である。

理由

　1つ目の理由を First「第一に」で始める。夜中に利用する人もいることを説明したいのだが，そもそもそういう人がいるのは「生活スタイルは人により異なる」ことが背景にあると考えて，まずそのことを簡潔に書く。People have different lifestyles. などと表してもよいが，ここではdiffer from person to person という熟語的表現を使っている。その後で，As a result「その結果」という接続表現を用いて，夜中の利用客について具体的に説明する。

　2つ目の理由はSecond「第二に」から始める。まず，「店主はより多くのお金を稼げる」とズバリ書こう。次にその内容を「夜閉店してしまったら」と反対の側面からもう少し詳しく具体的に言い換える。「夜閉店してしまったらもうからない」と書きたいところだが，「もうからないだろう（will not be able to make money）」だと前文の表現の繰り返しになってしまうので，「スーパーマーケットなどの店に対抗できないだろう（will not be able to compete with supermarkets and other stores）」とより具体的に表している。

まとめ

　最後にまとめとしてもう一度 Therefore, I think convenience stores should stay open 24 hours a day. と意見の文を繰り返してもよいが，ここでは総語数がすでに59語になっているので省略する。

語句

□ 24 hours a day （1日につき）24時間
□ as a result　その結果
□ owner　所有者，オーナー
□ differ from person to person　人により異なる
□ in the middle of the night　夜中に
□ compete with 〜　〜に対抗する

NO を選んだ場合

メモの例

意見	NO
理由	●従業員が確保できない ●従業員は夜中に働かねばならない ⇒健康にとって良くない ●夜は治安が悪い ●夜は客が少ない ⇒エネルギーの無駄 ●夜中は体を休めるべき

模範解答 　　　　　　　　　　　　　　　　　　　　))) 01-B

I disagree. First, many employees of convenience stores have to work overnight. This may be bad for their health. Second, few customers visit convenience stores late at night. It is a waste of energy to keep the stores open for just a small number of people. Therefore, in my opinion, convenience stores should close at night.

(56語)

訳

QUESTION：あなたは，コンビニエンスストアは24時間営業すべきだと思いますか。

　私は反対です。第一に，コンビニエンスストアの多くの従業員は夜通し働かなければなりません。このことは，彼らの健康にとって良くないかもしれません。第二に，夜遅くにコンビニエンスストアに来る客はほとんどいません。ほんの少数の人たちのために店を開けておくことはエネルギーの浪費です。したがって，私の意見としては，コンビニエンスストアは夜は閉店すべきです。

解説

コンビニエンスストアの24時間営業について，この解答例では「反対」の立場をとった。理由としては，まずそこで働く人たちに関して人手の確保や労働環境などの問題が考えられるが，ここでは「健康に良くない」という点を挙げることにする。また，夜中に営業することに関してのマイナス面として，ここでは客がそもそも少ないことを指摘し，それを「エネルギーの浪費」へと結びつけて論じることにする。

意見

まず，自分の意見を述べる。この解答例では，短く I disagree.「私は反対だ」とした。意見は自分の立場を明らかにすることが目的なので，これだけでも意見表明として成立する。

理由

1つ目の理由を First「第一に」で始める。コンビニエンスストアの従業員が抱える可能性のある問題を話題にするので，many employees of convenience stores で始め，「コンビニエンスストアの多くの従業員は夜通し働かなければならない」と書く。その後で，なぜそれが問題であるのかを健康への悪影響の可能性を挙げて説明する。

2つ目の理由は Second「第二に」から始める。まず初めに，「夜遅くにコンビニエンスストアに来る客はほとんどいない」とズバリ書く。そして，客が少ないのに営業していることの問題点として「エネルギーの浪費（a waste of energy）」を指摘する。

まとめ

意見を短く表現したので，まとめはやや厚めに表現したい。まとめを導く接続表現 Therefore「したがって」で始めて書く。その後は質問文の表現をそのまま繰り返すことも可能だが，ここでは，I think (that) の代わりに in my opinion「私の意見としては」を用い，さらに should not stay open 24 hours a day の代わりに should close at night を用いて，表現にバリエーションを持たせた。

語句

□ employee　従業員　（⇔employer　雇用主）
□ few　ほとんどない
□ waste　浪費
□ a small number of ～　少数の～

□ overnight　夜通し
□ late at night　夜遅くに
□ energy [énərdʒi]　エネルギー

ここを直そう！ NG解答例

「反対」の立場の例を下に示した。下線部は修正すべき問題がある箇所である。どこが問題なのか考えよう。

I disagree. First, ❶many employee of convenience stores have to work overnight. ❷They need some money for their families. Second, ❸a few customers visit convenience stores ❹at late night. It is a waste of energy to keep the stores open for just a small number of people. ❺At last, in my opinion, convenience stores should close at night.

ヒント ここに着目！

❶ Check 11 単数形・複数形のチェック。主語にmanyがついていることと，対応する動詞がhasではなくhaveになっていることに着目。

❷ Check 4 「家族のためにお金が必要である」と述べているが，これはコンビニエンスストアの24時間営業に反対する理由の説明となるか。

❸ Check 8 「コンビニエンスストアに来る客はほとんどいない」としたい。

❹ Check 8 「夜遅くに」の正しい言い方は？

❺ Check 3 この文が文章全体のまとめの文となるように，まとめを表す接続表現を使いたい。

こう変わった！

❶→many employees of convenience stores ……「多くの従業員」なのでmany employeesと複数形にしなければならない。対応する動詞もhaveになっている。

❷→This may be bad for their health. ……「（従業員は夜通し働かなければならない→）家族のためにお金が必要である」という主張は，24時間営業反対の理由には関係がなく，話がそれてしまっている印象。ここでは，夜通し働くことのマイナス面を指摘する必要がある。

❸→few customers …… a few customersでは「客は少数いる」という意味になってしまう。a few 〜 と few 〜 の意味の違いは，ライティングだけでなくリーディングの問題にも必要な重要事項なので確認しておこう。

❹→late at night ……「夜遅くに」は late at night という語順なので注意。

❺→Therefore …… at last は「（いろいろなことがあったが）ついに」という意味である。形は似ているが last(ly)「最後に」とは意味が違うので注意。「したがって」というまとめの意味を表す接続表現は therefore である。

→修正後の模範解答は…… p.38

自分の解答をレビューしてみよう！

振り返り&
達成度チェック

基本事項

		OK	まあまあ	NG
問題指示	「意見」と「理由2つ」がしっかり述べられている	☐	☐	☐
問題指示	全体の語数が50語〜60語程度となっている	☐	☐	☐
問題指示	意見はQUESTIONにしっかり対応している	☐	☐	☐

理由の書き方

		OK	まあまあ	NG
Check 1	理由が意見を支える論拠になっている	☐	☐	☐
Check 2	理由が2文程度に膨らませて表現されている	☐	☐	☐

文と文の関係

		OK	まあまあ	NG
Check 3	文と文を結ぶ表現（接続詞や接続表現など）が効果的に使われている	☐	☐	☐
Check 4	意見や理由と関係のない内容が含まれていない	☐	☐	☐
Check 5	まとめの文が意見と異なる内容を述べていない	☐	☐	☐
Check 6	文中で使用されている語彙・表現にバリエーションがある	☐	☐	☐

語彙・文法

		OK	まあまあ	NG
Check 7	単語のスペリングに誤りがない	☐	☐	☐
Check 8	内容にふさわしい単語や表現が正しく使われている	☐	☐	☐
Check 9	日本語や和製英語（カタカナ語）を使っていない	☐	☐	☐
Check 10	使用されている動詞の形が正しい	☐	☐	☐
Check 11	使用されている名詞の数（単数形・複数形）に誤りがない	☐	☐	☐
Check 12	不完全な文がない	☐	☐	☐
Check 13	その他の文法的誤りがない（特に代名詞，冠詞，助動詞など）	☐	☐	☐

Unit 2

- あなたは，外国人の知り合いから以下のQUESTIONをされました。
- QUESTIONについて，あなたの意見とその理由を2つ英文で書きなさい。
- 語数の目安は50語〜60語です。
- 解答がQUESTIONに対応していないと判断された場合は，<u>0点と採点される</u><u>ことがあります。</u>QUESTIONをよく読んでから答えてください。

QUESTION

Do you think it is a good idea to study English online?

> インターネットを利用して英語を学ぶ方法には
> どんな例があるだろうか。
> インターネットで英語を学ぶことと，教室で先
> 生から学ぶことを比較して考えてみよう。それ
> ぞれどのような利点，問題点があるだろうか。

メモを書こう

意見	YES	NO
理由	●	●
	●	●
	●	●
	●	●
	●	●
	●	●

解答を書こう 🖉

5

10

15

YES を選んだ場合

メモの例

意見	YES
理由	●ネット上には良い教材がある ⇒（例）易しい英語の読み物 ●ネットでの学習の方が面白い ●ほとんどが無料で利用できる ⇒お金を気にしなくてよい ●自分のペースで勉強できる ●自分のレベルに合った教材がある

模範解答　　　　　　　　　　　　　　　　　　　　　　　　　))) 02-A

I think it is good to study English online. First of all, there are many good materials on the Internet. For example, people can find various short stories written in easy English. Furthermore, many of those materials are free. Learners do not have to worry about money. Therefore, I agree with the idea of studying English online. （57語）

訳

QUESTION：あなたは，インターネットで英語を勉強するのは良い考えだと思いますか。

　私は，インターネットで英語を勉強するのは良いことだと思います。まず第一に，インターネット上には良い教材がたくさんあります。例えば，易しい英語で書かれたさまざまな短い物語を見つけることができます。さらに，それらの教材の多くは無料です。学習者は，お金に関する心配をする必要がありません。したがって，私はインターネットで英語を勉強するという考えに賛成です。

解説

　質問は「インターネットで英語を勉強するのは良い考えだと思うか」である。この解答例では「賛成」の立場をとる。インターネットでの英語学習の利点としては，「自分のペースでいつでもどこでも学習できる」など学習スタイルから考えることもできるが，ここでは教材に関する理由に絞り，「インターネット上には教材が豊富にある」ことと「その教材の多くが無料で利用できる」ことの２つを選ぶ方針とした。

意見

　まず，自分の意見を書く。I think (that) に続けて，質問文の表現をそのまま利用して書けばよいが，この解答例では，it is a good idea を it is good と短く表現してバリエーションを出している。

理由

　１つ目の理由を導入する接続表現として代表的なのが，First of all「まず第一に」である。続けて「インターネット上には良い教材がたくさんある」と書く。「良い教材（good materials）」だけではイメージしにくいので，次に具体例を挙げる。具体例はFor example「例えば」という接続表現で導入し，インターネット上で公開されている易しい英語で書かれた物語を挙げている。

　２つ目の理由はFurthermore「さらに」から始めて，１つ目の理由で述べた教材は「たくさんある」だけでなく，「多くが無料である」ことを指摘する。そして，その補足説明として，教材が無料であるためにお金の心配をせずに英語を学べるという利点を述べる。

まとめ

　まとめを導く接続表現として Therefore「したがって」を用いる。その後の文は，文構造のバリエーションを持たせるために，I think (that) .... ではなく I agree with the idea of ....「私は…という考えに賛成である」と変えてあることにも着目しよう。

語句

□ online　オンラインで，インターネットで　　□ material　素材，教材
□ on the Internet　インターネット上に　　□ for example　例えば
□ various　さまざまな，多様な　　□ furthermore　さらに
□ agree with ～　～に賛成する　（⇔disagree with ～　～に不賛成である）

NO を選んだ場合

メモの例

意見	NO
理由	●教室で先生に習った方が良い ⇒すぐにフィードバックをもらえるし質問もできる ●関係ないコンテンツに気を取られてしまう ●友達と一緒に勉強できない ●教材選びが大変 ⇒ネット上には選択肢が多すぎる ●質の悪い教材もある

模範解答))) 02-B

No, I do not. First, it is better to be taught by a teacher in class. If students study in this way, they can receive feedback and have questions answered directly. Second, it can be difficult for students to choose proper materials online. There are too many options to choose from. Therefore, I doubt studying English online is effective.

(59語)

訳

QUESTION：あなたは，インターネットで英語を勉強するのは良い考えだと思いますか。
　いいえ，そう思いません。第一に，授業で先生に教えてもらう方が良いです。もし生徒がこのようにして勉強すれば，直接フィードバックをもらったり質問に答えてもらったりすることができます。第二に，インターネット上で適切な教材を選ぶのは生徒にとって難しいことがあります。選べないほど多くの選択肢があります。したがって，私はインターネットで英語を勉強することは効果的ではないと思います。

解説

インターネットでの英語学習に反対する立場の解答例である。理由としては，まず，学校などの教室で教師に教わる学習との比較が考えられるだろう。また，勉強に関係のないコンテンツを見てしまうなどの問題も考えられる。ここでは，「授業で先生に教わる方が良い」ことと，教材がたくさんあることが逆に「適切な教材を選ぶのが大変」という問題点にもなることを理由として挙げる。

意見

意見は自分の立場を明白にするのが目的であるので，ここでは，No, I do not. と簡単な形で表現してある。do not は don't とも書けるが，話し言葉と違って正式な書き言葉では短縮形を避ける傾向があるので，ここでは短縮形を使わない形で書いてある。

理由

1つ目の理由を First「第一に」で始める。続けて「授業で先生に教わる方が良い」とズバリ表現する。ただし，これだけではなぜその方が良いのか説明不足なので，「直接フィードバックがもらえる（can receive feedback directly）」と「直接質問に答えてもらえる（can have questions answered directly）」の2点を補足説明する。〈have ＋目的語＋過去分詞〉「（目的語）を～してもらう」という重要表現を使いこなせるようになろう。

2つ目の理由はSecond「第二に」から始める。まず「インターネット上で適切な教材を選ぶのは生徒にとって難しい」と書き，その理由として「選択肢が多すぎて選べない」と書く。この文は too ～ to *do* 構文「～すぎて…できない」を用いて表している。

まとめ

まとめはTherefore「したがって」で導入する。質問文の表現をそのまま利用するのではなく，doubt「～を疑う，～ではないと思う」と effective「効果的な」を用いて，質問文とは違う形で表現している。

語句

□ in class　授業で，授業中に
□ feedback　フィードバック，反応
□ proper　適切な
□ doubt　～を疑う，～ではないと思う

□ (in) this way　このように
□ directly　直接に
□ option　選択肢
□ effective　効果的な

ここを直そう！ NG解答例 ‥‥‥

「反対」の立場の例を下に示した。下線部は修正すべき問題がある箇所である。どこが問題なのか考えよう。

No, I do not. First, it is better to be taught by a teacher in class. If students study in this way, they can ❶recieve feedback and have questions ❷answer directly. ❸On the other hand, ❹students are difficult to choose proper materials online. There are too many options to choose from. Therefore, I ❺am afraid studying English online is effective.

ヒント ここに着目！
‥‥‥‥‥‥‥‥‥‥‥‥‥‥
❶ Check 7 「〜を受け取る」という意味の動詞。スペリングは？
❷ Check 10 have ... directly で「質問に直接答えてもらう」という意味にするにはどうすればよいか。
❸ Check 3 2つ目の理由を導入する適切な接続表現を選ばなければならない。
❹ Check 13 「生徒たちが適切な教材をインターネット上で見つけるのは難しい」という意味の文にしたいのだが，構文は正しいだろうか。
❺ Check 8 この文全体は「インターネットで英語を勉強するのは効果的だと思わない」という意味にしたい。

こう変わった！
‥‥‥‥‥‥‥‥‥‥‥‥
❶→receive ……間違えやすいスペリングなので注意しよう。
❷→answered ……〈have＋目的語＋過去分詞〉で「（目的語）を〜してもらう」という意味。questions と answer が「質問が答えられる」という受け身の関係になっていることに注意。
❸→Second [Also など] …… on the other hand は，前に述べたこととの対比・比較を述べるときに用いられる接続表現で「その一方で」という意味。2つ目の理由を導入する接続表現としては不適切である。
❹→it can be difficult for students to choose proper materials online ……形式主語 it を用いて表す。students are difficult では「生徒が難しい」ということになってしまうので，students を主語にするなら students have difficulty choosing proper

materials online「生徒はインターネット上で適切な教材を選ぶのに苦労する」などとする必要がある。

❺→doubt [do not think] …… I am afraid (that) 〜. は，好ましくないことについて「（残念ながら）〜だと思う」という意味。doubt と異なり，「〜を疑う，〜ではないと思う」という否定的な意味はないので注意する。

→修正後の模範解答は…… p.46

自分の解答をレビューしてみよう！

振り返り&
達成度チェック

基本事項

	OK	まあまあ	NG
問題指示 「意見」と「理由2つ」がしっかり述べられている	☐	☐	☐
問題指示 全体の語数が50語〜60語程度となっている	☐	☐	☐
問題指示 意見はQUESTIONにしっかり対応している	☐	☐	☐

理由の書き方

	OK	まあまあ	NG
Check 1 理由が意見を支える論拠になっている	☐	☐	☐
Check 2 理由が2文程度に膨らませて表現されている	☐	☐	☐

文と文の関係

	OK	まあまあ	NG
Check 3 文と文を結ぶ表現（接続詞や接続表現など）が効果的に使われている	☐	☐	☐
Check 4 意見や理由と関係のない内容が含まれていない	☐	☐	☐
Check 5 まとめの文が意見と異なる内容を述べていない	☐	☐	☐
Check 6 文中で使用されている語彙・表現にバリエーションがある	☐	☐	☐

語彙・文法

	OK	まあまあ	NG
Check 7 単語のスペリングに誤りがない	☐	☐	☐
Check 8 内容にふさわしい単語や表現が正しく使われている	☐	☐	☐
Check 9 日本語や和製英語（カタカナ語）を使っていない	☐	☐	☐
Check 10 使用されている動詞の形が正しい	☐	☐	☐
Check 11 使用されている名詞の数（単数形・複数形）に誤りがない	☐	☐	☐
Check 12 不完全な文がない	☐	☐	☐
Check 13 その他の文法的誤りがない（特に代名詞，冠詞，助動詞など）	☐	☐	☐

目標時間　20　分

Unit 3

● あなたは，外国人の知り合いから以下のQUESTIONをされました。
● QUESTIONについて，あなたの意見とその理由を2つ英文で書きなさい。
● 語数の目安は50語〜60語です。
● 解答がQUESTIONに対応していないと判断された場合は，0点と採点されることがあります。QUESTIONをよく読んでから答えてください。

QUESTION

Do you think it is important for children to take care of small animals in schools?

小学校などで小動物を飼育することにはどういうねらいがあるのかを考えてみよう。
子供たちが動物を飼育するときどんな問題が起こり得るだろうか。

メモを書こう 🖉

意見	YES	NO
理由	●	●
	●	●
	●	●
	●	●
	●	●
	●	●

解答を書こう 🖉

5

10

15

YES を選んだ場合

メモの例

意見	YES
理由	●生き物に優しくなれる ●命の大切さを理解できる ⇒動物の世話をすることで命を大切にすることを学べる ●自然について学べる ●責任感がつく ⇒（例）毎日のえさやりと掃除 ●仲間と協力することを学べる

模範解答))) 03-A

I think that taking care of pets in schools is important for school children. I have two reasons. Firstly, children will understand the value of life. By caring for a pet, they will learn to respect all life. Secondly, children will learn to be responsible. For example, they have to feed their pets and clean their cages every day.

(59語)

訳

QUESTION：あなたは，学校で小動物の世話をすることは子供にとって大切だと思いますか。

　私は，学校でペットの世話をすることは児童にとって大切だと思います。理由は2つあります。第一に，子供たちは命の価値を理解するでしょう。ペットの世話をすることで，彼らはすべての命を尊重することを学ぶことでしょう。第二に，子供たちは責任感を持つことを学ぶでしょう。例えば，彼らは毎日ペットにえさをやったり，ケージの掃除をしたりしなければなりません。

解説

　質問は「学校で小動物の世話をすることは子供にとって大切だと思うか」である。この解答例では「賛成」の立場をとる。理由としては，実際に小学校などでよく行われている動物飼育を通じて子供たちがどんなことを学んでいるかを考えることになるだろう。ここでは，「命の価値」と「責任感」を挙げるという方針を立てる。

意見

　まず，自分の意見を書く。I think (that) の後ろに質問文の表現をそのまま続けてもよいが，ここでは少し文構造を変えて，taking care of pets in schools「学校でペットの世話をすること」と動名詞を用いて表現してある。その後で，I have two reasons.「理由は2つある」と書く。これは必ず入れなければいけない要素ではないが，次に理由が2つ来ることの前置きとなり，これがあると読み手が文章の流れを理解しやすくなる。

理由

　1つ目の理由をFirstly「第一に」で始める。まず，「命の価値を理解するだろう」とズバリ書く。「命の価値 (the value of life)」は「命の大切さ」と考えて the importance of life と表してもよい。次の文では，「命の価値を理解する」とはどういうことかをもう少し詳しく「ペットの世話をすることですべての命を尊重することを学ぶ」と言い換える。「～の世話をする」は，take care of ～ はすでに意見を述べるときに使ったので，care for ～ と表現してバリエーションを出している。

　2つ目の理由はSecondly「第二に」から始める。まず「責任感を持つことを学ぶ」と書く。次の文はFor example「例えば」という接続表現で始めて，責任感を学ぶことにつながることの具体例として，「ペットにえさをやる (feed their pets)」ことと「ペットのケージの掃除をする (clean their cages)」ことを挙げる。

まとめ

　ここまで書いて，すでに規定の語数に達しているので，まとめの文は省略することにする。

語句

□ value　価値
□ respect　～を尊重する，尊敬する
□ feed　～にえさをやる
□ care for ～　～の世話をする
□ responsible　責任感のある
□ cage　（動物の）おり，鳥かご

を選んだ場合

メモの例

意見	NO
理由	●アレルギーを持っている子が多い 　⇒アレルギーの子が動物の近くにいるのは困難 ●夏休みなどの長期休暇中に困る ●動物の世話は子供に任せられない 　⇒実際に世話をしているのは先生 ●教室の衛生環境が悪くなる危険性 ●動物が死んでしまったときの心のケアが必要

模範解答　　　　　　　　　　　　　　　　　　　　　))) 03-B

I do not think so. This is because many children are not responsible enough to take care of animals. In fact, teachers, not students, often look after them. Furthermore, many children these days have allergies. It will be hard for them to be around animals. Therefore, I am against the idea of having animals in schools.

(56語)

訳

QUESTION：あなたは，学校で小動物の世話をすることは子供にとって大切だと思いますか。

　私はそう思いません。というのは，多くの子供には動物の世話ができるほどの責任感がないからです。実際には，生徒ではなく，先生が動物たちの世話をしていることがよくあります。さらに，最近は多くの子供がアレルギーを持っています。動物の近くにいることは彼らにとってつらいでしょう。したがって，私は学校で動物を飼うという考えに反対です。

解説

　学校での小動物の飼育に反対の立場の解答例である。賛成の場合の解答例で挙げた「命の価値」は，反対に「だからこそ子供に任せることはできない」と考えることもできるだろう。また別の側面として，さまざまな理由で子供のためにならないという主張も考えられる。例えば生き物を飼うことによる衛生・健康上の問題を考え，最近さまざまなアレルギーを持つ子供が増えていることを理由にすることができる。

意見

　意見表明は，I do not think so.「私はそう思わない」という単純な形で表現した。なお，さらに短くする必要があればNo, I do not.とすることもできる。

理由

　1つ目の理由をThis is because 〜.「これは〜だからである」で導入する。「子供には動物の世話を任せられない」は，「多くの子供には動物の世話ができるほどの責任感がない」と考えて，〜 enough to do「…するのに十分〜」を用いて表現している。さらに，その補足として，現実には子供ではなく教師が動物の世話をすることが多い実態を説明する。In fact「実際には」という接続表現にも着目しよう。

　2つ目の理由はFurthermore「さらに」から始めて，「最近はアレルギーを持つ子供が多い」とズバリ書く。その後で，それを根拠にして「動物の近くにいることは彼らにとってつらいだろう」と指摘する。

まとめ

　まとめは，Therefore「したがって」で始め，I am against the idea of 〜.「〜という考えに反対である」という文で表している。2つの理由を提示した後なので，質問文の「〜は子供にとって大切だと思う［思わない］」という表現よりも少し強めに，「学校で動物を飼うという考えに反対だ」とまとめている。

語句

□ in fact　実際には
□ these days　最近，このごろ
□ against　〜に反対で（⇔for　〜に賛成で）
□ look after 〜　〜の世話をする
□ allergy [ǽlərdʒi]　アレルギー

ここを直そう! NG解答例

　「反対」の立場の例を下に示した。下線部は修正すべき問題がある箇所である。どこが問題なのか考えよう。

I do not think so. **❶**Because many children are not responsible enough to take care of animals. In fact, teachers, not **❷**student, often take care of them. **❸**Furthermore, many children these days have allergies. Therefore, I **❹**against the idea of **❺**taking care of animals in schools.

ヒント ここに着目!

❶ Check 12 because は if や though などと同じく従属接続詞であるが,〈because ＋文〉だけになっている。

❷ Check 11 「生徒ではなく先生が(動物の世話をする)」という意味。対比されている teachers に着目。

❸ Check 2 2つ目の理由が「最近の子供の多くがアレルギーを持っている」だけで終わってしまっている。

❹ Check 12 against は動詞ではない。

❺ Check 6 take care of ~「~の世話をする」という表現は,2,3文目にも出てくる。

こう変わった!

❶→This is because many children are not responsible enough to take care of animals. ……会話の場合は Why ~? に対して Because .... と答えることはあるが,書き言葉では Because で導かれる節を単独で用いることはできない。英語として不完全な文であるとみなされ,減点の対象。This is because .... としよう。

❷→students ……対比されている teachers が複数形の名詞なので,student も複数形にしなければならない。

❸→It will be hard for them to be around animals. を追加……アレルギーを持っている結果どうなるのかや,その状況の具体例,あるいはそういう状況に対してどうすべきかなどの補足がないと,1文だけでは不十分。理由は2文程度に膨らませて表現することを心がけよう。

❹→am against …… against は前置詞で「~に反対で」という意味。「~に反対である」

という意味の文にするには，be動詞が必要である。

❺→having …… 50語〜60語程度の短い文章内で同じ表現の繰り返しはできるだけ避けたい。ここでは「学校で動物の世話をすること」を「学校で動物を飼うこと」と考えてhavingとする。また，3文目のoften take care of themもoften look after themやoften care for themとするとよい。

→ 修正後の模範解答は…… p.54

自分の解答をレビューしてみよう！

振り返り＆
達成度チェック

基本事項

	OK	まあまあ	NG
問題指示 「意見」と「理由2つ」がしっかり述べられている	☐	☐	☐
問題指示 全体の語数が50語〜60語程度となっている	☐	☐	☐
問題指示 意見はQUESTIONにしっかり対応している	☐	☐	☐

理由の書き方

	OK	まあまあ	NG
Check 1 理由が意見を支える論拠になっている	☐	☐	☐
Check 2 理由が2文程度に膨らませて表現されている	☐	☐	☐

文と文の関係

	OK	まあまあ	NG
Check 3 文と文を結ぶ表現（接続詞や接続表現など）が効果的に使われている	☐	☐	☐
Check 4 意見や理由と関係のない内容が含まれていない	☐	☐	☐
Check 5 まとめの文が意見と異なる内容を述べていない	☐	☐	☐
Check 6 文中で使用されている語彙・表現にバリエーションがある	☐	☐	☐

語彙・文法

	OK	まあまあ	NG
Check 7 単語のスペリングに誤りがない	☐	☐	☐
Check 8 内容にふさわしい単語や表現が正しく使われている	☐	☐	☐
Check 9 日本語や和製英語（カタカナ語）を使っていない	☐	☐	☐
Check 10 使用されている動詞の形が正しい	☐	☐	☐
Check 11 使用されている名詞の数（単数形・複数形）に誤りがない	☐	☐	☐
Check 12 不完全な文がない	☐	☐	☐
Check 13 その他の文法的誤りがない（特に代名詞，冠詞，助動詞など）	☐	☐	☐

Unit 4

- あなたは，外国人の知り合いから以下のQUESTIONをされました。
- QUESTIONについて，あなたの意見とその理由を2つ英文で書きなさい。
- 語数の目安は50語〜60語です。
- 解答がQUESTIONに対応していないと判断された場合は，0点と採点されることがあります。QUESTIONをよく読んでから答えてください。

QUESTION

Do you think it is better to read e-books or paper books?

> ● e-books「電子書籍」にはどんな利点があるか考えてみよう。
> ● 電車内で読むとき，自宅で読むときなど，いろいろな状況を想像してみよう。

メモを書こう

意見	e-books	paper books
理由	● ● ● ● ● ●	● ● ● ● ● ●

解答を書こう ✏

5

10

15

e-books を選んだ場合

メモの例

意見	e-books（電子書籍）
理由	●紙の本は重い ●文字を拡大できてお年寄りにも読みやすい ●一度にたくさん持てる ⇒タブレットがあればどれでもどこででも読める ●書店に行く必要がない ●24時間いつでも本が手に入る ⇒ダウンロードするだけですぐに読める

模範解答　　　　　　　　　　　　　　　　　　　　　))) 04-A

I think that e-books are better. There are two reasons for this. First, you can have many e-books at once. If you have a tablet with you, you can read any of them anywhere. Second, you can get books 24 hours a day. When you want a certain book, you can just download it and start reading immediately.

(58語)

訳

QUESTION：あなたは，電子書籍を読む方が良いと思いますか。それとも紙の本の方が良いですか。

　私は，電子書籍の方が良いと思います。これには理由が2つあります。第一に，電子書籍は一度にたくさん所持できます。手元にタブレットがあれば，それらの中のどれでもどこででも読むことができます。第二に，24時間いつでも本を手に入れることができます。ある本が欲しくなったら，それをただダウンロードして，すぐに読み始めることができます。

解説

　質問は「電子書籍と紙の本とどちらが良いと思うか」である。これまでの練習問題は賛成・反対を尋ねるものだったので，少しタイプが異なる質問だが，解答の仕方は変わらない。現在多くの人が利用する電子書籍の利点としてはまず，たくさんの本をどこにでも持ち歩けることが思い浮かぶだろう。また，本屋に行かずに即座に本が手に入るというのも利点の1つである。

意見

　まず，自分の意見を書く。I think (that) に続けて，質問文の表現を少し簡単にしてe-books are better とした。その後に，There are two reasons for this.「これには理由が2つある」と書き，次に理由が2つ来ることを示す。この文があると読み手は文章の流れが捉えやすくなるが，省略しても問題はない。

理由

　1つ目の理由を First「第一に」で始め，「電子書籍は一度にたくさん所持できる」とズバリ書く。紙の本よりも多くの本を持ち歩けるという利点に関して，次の文では「どれでもどこででも読める」と補足した。
　2つ目の理由はSecond「第二に」から始め，「24時間いつでも本が手に入る」と書く。どのようにしてそれが可能になるのか，次の文でその方法を具体的に説明して補足とした。「〜をダウンロードする」はそのままdownloadという単語が使えるのでスペリングをおさえておこう。

まとめ

　2つ目の理由を述べたところで，必要な語数に達したので，まとめの文は省略することにする。

語句

□ e-book　電子書籍，電子ブック
□ tablet　タブレット端末
□ a certain 〜　ある〜，一定の〜
□ immediately [ɪmíːdiətli]　即座に

□ at once　一度に，同時に
□ anywhere　どこででも
□ download　〜をダウンロードする

paper books を選んだ場合

メモの例

意見	paper books（紙の本）
理由	●紙の本の方が慣れている人が多い ●紙の本の方が読みやすい ⇒印刷が目にやさしい ●充電を気にしなくていい ●紙の本の方が安い ⇒電子書籍はデバイスの値段が高い ●紙の本は友達に貸せる

模範解答　　　　　　　　　　　　　　　　　　　》)) 04-B

I think that it is better to read paper books. One reason is that they are easier to read. Generally, the print is more comfortable for the eyes. Another reason is that they are cheaper. In order to read e-books, we need devices, which are much more expensive than paper books. Therefore, I am in favor of paper books.

(59語)

訳

QUESTION：あなたは，電子書籍を読む方が良いと思いますか。それとも紙の本の方が良いですか。

　私は紙の本を読む方が良いと思います。1つの理由は，紙の本の方が読みやすいからです。一般的に，印刷は目によりやさしいです。もう1つの理由は，紙の本の方が安いからです。電子書籍を読むためには装置が必要で，それは紙の本よりもずっと高価です。したがって，私は紙の本の方を選びます。

解説

　これは紙の本を選択した場合の解答例である。紙の本を選ぶ理由はいろいろあるが，「（私は）紙の本に慣れているから」というように書くと，あくまで個人的な好みであって説得力のある理由ではないとみなされ，減点される危険性がある。ここでは，「読みやすさ」と「安さ」の2点を理由とする方針を立てた。ただし，どちらとも，どうして「読みやすい」のか，どうして「より安い」のかを説明しないと不十分なので注意しよう。

意見

　まず，自分の意見を書く。I think (that) に続けて，質問文の表現を利用して it is better to read paper books と書けばよい。

理由

　1つ目の理由を表すのに One reason is that 〜.「1つの理由は〜である」を用いる。まず，「（紙の本の方が）読みやすい（easier to read）」と書く。どうして読みやすいのかを次に説明する必要がある。「（紙の本の方が）印刷が目によりやさしい」と書きたいが，断言を避け客観性をもたせるために，文頭に Generally「一般的に」を付けて表した。

　2つ目の理由は，1つ目の理由にそろえる形で Another reason is that 〜.「もう1つの理由は〜である」と示す。they are cheaper「紙の本の方が安い」とズバリ述べるが，次の文ではなぜ安いと言えるのかを説明する必要がある。「電子書籍には装置が必要で，それは紙の本よりもずっと高価だ」と書く。in order to do「〜するために」という表現や関係代名詞 which の非制限用法を使うなど，やや高度な表現や文法を用いて表していることにも着目してほしい。

まとめ

　まとめは Therefore「したがって」で導く。意見で述べた内容を繰り返せばよいが，in favor of 〜「〜の方を選んで，支持して」を用いて表現にバリエーションを持たせてある。

語句

□ generally　一般的に
□ device　装置，デバイス

□ print　印刷
□ in favor of 〜　〜の方を選んで

ここを直そう！NG解答例 ······

「紙の本」を選択した場合の例を下に示した。下線部は修正すべき問題がある箇所である。どこが問題なのか考えよう。

I think that it is better to read paper books. ❶One reason is that I usually read paper books. Generally, the print is more comfortable for the eyes. Another reason is that ❷it is cheaper. In order to read e-books, we need ❸device, which are ❹very expensive than paper books. Therefore, ❺we need to choose devices more carefully.

ヒント ここに着目！
······

❶ Check 1 「私は普段，紙の本を読む」ということは「紙の本を読む方が良い」という主張の理由として適切だろうか。

❷ Check 11 「紙の本の方が安い」と書きたいところ。このitは何を指すのか。

❸ Check 11 ここは「電子書籍を読むには装置が必要である」という文脈。直後のwhichの後がareになっていることにも着目。

❹ Check 13 直後にthanがあり，紙の本との比較を述べている。

❺ Check 5 「装置をもっと注意深く選ぶ必要がある」は，この文章全体の結論になっているか。

こう変わった！
······

❶→One reason is that they are easier to read. ……「私は普段紙の本を読んでいる」は個人の習慣や好みを述べただけで，「紙の本を読む方が良い」という意見の理由になっていない。

❷→they are ……このitは前にあるpaper booksを指しているので，使うべき代名詞はthey。したがって，be動詞もareにする。

❸→devices …… device「装置，デバイス」は可算名詞なので，ここでは複数形が自然。この語を先行詞とする関係代名詞whichの後の動詞がareとなっていることにも合う。

❹→(much) more ……後ろにthanがあるので，more expensiveと比較級にする。さらにその比較級の意味を強めて「ずっと高い」としたい場合には，muchやfarを付

けて much [far] more expensive とする。この場合，very は使えないので注意。

❺→I am in favor of paper books ……解答例の冒頭にあるように，この文章は「紙の本を読む方が良い」という意見を述べている。したがって，文章全体のまとめの文が「もっと注意深く装置を選ぶ必要がある」では矛盾する。夢中で書いているうちに結論が最初に述べた意見とずれてしまわないように注意しよう。

→修正後の模範解答は…… p.62

自分の解答をレビューしてみよう！

振り返り&
達成度チェック

基本事項

		OK	まあまあ	NG
問題指示	「意見」と「理由2つ」がしっかり述べられている	☐	☐	☐
問題指示	全体の語数が50語～60語程度となっている	☐	☐	☐
問題指示	意見はQUESTIONにしっかり対応している	☐	☐	☐

理由の書き方

		OK	まあまあ	NG
Check 1	理由が意見を支える論拠になっている	☐	☐	☐
Check 2	理由が2文程度に膨らませて表現されている	☐	☐	☐

文と文の関係

		OK	まあまあ	NG
Check 3	文と文を結ぶ表現（接続詞や接続表現など）が効果的に使われている	☐	☐	☐
Check 4	意見や理由と関係のない内容が含まれていない	☐	☐	☐
Check 5	まとめの文が意見と異なる内容を述べていない	☐	☐	☐
Check 6	文中で使用されている語彙・表現にバリエーションがある	☐	☐	☐

語彙・文法

		OK	まあまあ	NG
Check 7	単語のスペリングに誤りがない	☐	☐	☐
Check 8	内容にふさわしい単語や表現が正しく使われている	☐	☐	☐
Check 9	日本語や和製英語（カタカナ語）を使っていない	☐	☐	☐
Check 10	使用されている動詞の形が正しい	☐	☐	☐
Check 11	使用されている名詞の数（単数形・複数形）に誤りがない	☐	☐	☐
Check 12	不完全な文がない	☐	☐	☐
Check 13	その他の文法的誤りがない（特に代名詞，冠詞，助動詞など）	☐	☐	☐

目標時間 20 分

Unit 5

- あなたは，外国人の知り合いから以下のQUESTIONをされました。
- QUESTIONについて，あなたの意見とその理由を2つ英文で書きなさい。
- 語数の目安は50語〜60語です。
- 解答がQUESTIONに対応していないと判断された場合は，0点と採点されることがあります。QUESTIONをよく読んでから答えてください。

QUESTION

Do you think it is a good idea to let little children play with smartphones?

> スマートフォンで子供を遊ばせる親になったつもりで，どんな状況が考えられるか想像してみよう。
> 小さい子供がスマートフォンを使うことの問題点は何だろうか。

メモを書こう

意見	YES	NO
理由	●	●
	●	●
	●	●
	●	●
	●	●
	●	●

解答を書こう ✏

5

10

15

YES を選んだ場合

メモの例

意見	YES
理由	●子供がIT機器の操作が上手になる ●どんな場所でも遊ばせられる ●親にとって役立つ 　⇒（例）長いドライブでも子供を飽きさせない ●教育機器になる 　⇒数え方やスペリングなどを学べる

模範解答　　　　　　　　　　　　　　　　　　　　　　　　　))) 05-A

Yes, I think so. First, smartphones can be an educational tool. Little children often learn things such as counting and spelling using games and applications. Second, smartphones can be useful to parents. For example, they can use smartphones to keep their children entertained on long car journeys. For these reasons, I think parents can let their children play with smartphones.

（60語）

訳

QUESTION：あなたは，小さな子供をスマートフォンで遊ばせることは良い考えだと思いますか。

　はい，私はそう思います。第一に，スマートフォンは教育の道具になり得ます。小さな子供は，よく，ゲームやアプリを使って数を数えることや文字をつづることなどを学びます。第二に，スマートフォンは親にとって役立つことがあります。例えば，長距離のドライブでは子供を飽きさせないためにスマートフォンを利用することができます。これらの理由により，私は親は子供をスマートフォンで遊ばせておいてよいと思います。

解説

　質問は「小さな子供をスマートフォンで遊ばせるのは良い考えだと思うか」で，この解答例は「賛成」の立場である。まず，子供がスマートフォンを使ううちにいろいろな有益なことを学ぶということが考えられるだろう。また，親の立場から考えてみると，子供がスマートフォンで遊んでくれると助かる場面が多いことが想像できる。この解答では，その2点を理由の中心にする方針を立てた。

意見

　意見として，Yes, I think so.「はい，私はそう思う」と書いて，自分が「賛成」の立場であることを表明する。

理由

　1つ目の理由を First「第一に」で始める。最初に，「スマートフォンは教育の道具になり得る」と短くズバリ書く。そして，その内容を詳しく説明するのだが，小さな子供がスマートフォンを使って学べる内容の例として「数を数えること（counting）」と「文字をつづること（spelling）」を提示することで，「教育の道具」のイメージがわかりやすくなり説得力が増す。

　2つ目の理由はSecond「第二に」で始め，最初にやや抽象的に「スマートフォンは親にとって役立つことがある」と書く。その後で，For example「例えば」という接続表現を用いて，具体的な場面として子供との長距離ドライブについて説明する。keep their children entertainedはやや難しい表現だが，「（子供を楽しませておく→）子供を飽きさせない」という意味である。

まとめ

　まとめは For these reasons「これらの理由により」で始める。質問文はit is a good idea to let ... という形式主語を用いた文だが，ここでは，parents can let ... と別の文構造を用いて表している。

語句

- □ smartphone　スマートフォン
- □ tool　道具
- □ count　（数などを）数える
- □ application　アプリ（＝app）
- □ journey　（長距離の）旅行，旅
- □ educational　教育的な
- □ such as ～　例えば～のような
- □ using　～を使って
- □ entertain　（人）を楽しませる

NO を選んだ場合

メモの例

意見	NO
理由	●子供の発達に好ましくない内容もある ●長時間画面を見ていると目に悪い ⇒早期のスマホ使用は子供の視力低下の原因になる ●他の子供と遊ぶことが大事 ●体を動かすことが成長には不可欠 ⇒スマホばかりでは外で遊ぶ時間がなくなる

模範解答　　　　　　　　　　　　　　　　　　　　))) 05-B

No, I do not. Firstly, physical activity is essential for children's development. If they spend too much time using smartphones, they may not have time to play outside. Also, looking at screens too long can be bad for their eyes. Many children have poor eyesight because they start using smartphones too early. Therefore, little children should not play with smartphones.　　　　　　　　　　　　　　　　　　　　（60語）

訳

QUESTION：あなたは，小さな子供をスマートフォンで遊ばせることは良い考えだと思いますか。

　いいえ，私はそう思いません。第一に，身体的な活動は子供の発達にとって不可欠です。あまりにも多くの時間をスマートフォンを使って過ごすと，外で遊ぶ時間がなくなってしまうかもしれません。また，画面を長時間見すぎることは目に悪い可能性があります。あまりにも早くスマートフォンを使い始めるために視力が悪い子供が多くいます。したがって，小さな子供はスマートフォンで遊ぶべきではありません。

解説

　小さな子供をスマートフォンで遊ばせることに反対の立場の解答例である。理由としては，スマートフォンの長時間使用によって本来子供の成長にとって必要な活動が奪われるかもしれないという点や，スマートフォンという機器自体が持つ弊害などが考えられる。ここでは，子供に必要なものとして「体を動かすこと」を挙げ，スマートフォンの弊害として「目に悪い影響を与えること」を挙げる。

意見

　反対の立場であることを No, I do not.「いいえ，私はそう思わない」と短く表現する。1文目の意見の文をどのくらい詳しく述べるかは，解答の総語数に応じて決めるとよいだろう。

理由

　1つ目の理由は Firstly「第一に」で始め，まず「体を動かすことは子供の発達に不可欠だ」とズバリ書く。「体を動かすこと」は，ここでは physical activity「身体的な活動」とやや抽象的に表現する。次に，その内容をより詳しく膨らませて「スマートフォンを長時間利用しすぎると外で遊ぶ時間がなくなる」と説明するのだが，この文では physical activity を play outside と具体的に言い換えてあることに着目しよう。

　2つ目の理由は Also「また」から始める。まず「画面を長時間見すぎることは目に悪い可能性がある」と書く。その補足として，実際に子供のスマートフォンの早期使用が子供の視力低下の原因になっていると指摘する。

まとめ

　まとめは Therefore「したがって」で導入する。理由として小さな子供のスマートフォン使用の弊害を2つ説明した後なので，「小さな子供はスマートフォンで遊ぶべきではない」と，質問文の表現よりやや強いトーンでまとめている。

語句

□ physical　身体的な（⇔mental　精神的な）
□ development　発達
□ outside　屋外で（⇔inside　屋内で）
□ eyesight　視力
□ essential　不可欠な
□ spend time *doing*　～して時間を過ごす
□ screen　画面，スクリーン

ここを直そう！ NG解答例

「賛成」の立場の例を下に示した。下線部は修正すべき問題がある箇所である。どこが問題なのか考えよう。

Yes, I think so. First, smartphones can be an educational tool. Little children often learn things ❶for example counting and spelling using ❷game and ❸apuri. Second, smartphones can be useful to parents. For example, ❹to keep their children entertained on long car journeys. For these reasons, I think parents can let their children ❺to play with smartphones.

ヒント ここに着目！

❶ Check 8 things ... counting and spellingで「数を数えることや文字をつづることなど」となるようにしたい。

❷ Check 11 gameは可算名詞である。

❸ Check 9 「ゲームやアプリを使って」としたい。正しい英単語を使えているか。

❹ Check 12 親にとって役立つことの例として「長距離ドライブで子供を飽きさせない」ことを挙げている文脈。to不定詞だけで文を終わらせてしまっている。

❺ Check 10 前にある使役動詞letに着目しよう。

こう変わった！

❶➡such as ……直前のthingsの例を挙げるときには such as 〜「（例えば）〜のような，〜など」を用いる。likeでも可。

❷➡games …… ここでは特定のゲームではなく一般的な「ゲーム」を指すので，gamesと複数形にする。

❸➡applications [apps] ……「アプリ」はapplication（または略してapp）である。英文の中にカタカナ語を使わないように気をつけよう。もし使う場合には，必ず英語でその意味の説明をつけ加える必要がある。

❹➡they can use smartphones to keep their children entertained on long car journeys …… for exampleの後には文が来ることに注意。to不定詞だけでは完全な文にならず，英語として不適切。

❺➡play……前にあるletは使役動詞である。〈let＋目的語＋動詞の原形〉で「（目的語）

に～させる，～することを許す」で，ここでは「子供をスマートフォンで遊ばせる」という意味である。to を削除して原形にする。

 修正後の模範解答は…… p.68

自分の解答をレビューしてみよう！

振り返り&
達成度チェック

基本事項

	OK	まあまあ	NG
問題指示 「意見」と「理由2つ」がしっかり述べられている	☐	☐	☐
問題指示 全体の語数が50語～60語程度となっている	☐	☐	☐
問題指示 意見はQUESTIONにしっかり対応している	☐	☐	☐

理由の書き方

	OK	まあまあ	NG
Check 1 理由が意見を支える論拠になっている	☐	☐	☐
Check 2 理由が2文程度に膨らませて表現されている	☐	☐	☐

文と文の関係

	OK	まあまあ	NG
Check 3 文と文を結ぶ表現（接続詞や接続表現など）が効果的に使われている	☐	☐	☐
Check 4 意見や理由と関係のない内容が含まれていない	☐	☐	☐
Check 5 まとめの文が意見と異なる内容を述べていない	☐	☐	☐
Check 6 文中で使用されている語彙・表現にバリエーションがある	☐	☐	☐

語彙・文法

	OK	まあまあ	NG
Check 7 単語のスペリングに誤りがない	☐	☐	☐
Check 8 内容にふさわしい単語や表現が正しく使われている	☐	☐	☐
Check 9 日本語や和製英語（カタカナ語）を使っていない	☐	☐	☐
Check 10 使用されている動詞の形が正しい	☐	☐	☐
Check 11 使用されている名詞の数（単数形・複数形）に誤りがない	☐	☐	☐
Check 12 不完全な文がない	☐	☐	☐
Check 13 その他の文法的誤りがない（特に代名詞，冠詞，助詞など）	☐	☐	☐

Chapter 3
模擬テスト

目標時間 20 分

Test 1

- あなたは，外国人の知り合いから以下のQUESTIONをされました。
- QUESTIONについて，あなたの意見とその理由を2つ英文で書きなさい。
- 語数の目安は50語〜60語です。
- 解答は，ライティング解答欄に書きなさい。なお，解答欄の外に書かれたものは採点されません。
- 解答がQUESTIONに対応していないと判断された場合は，0点と採点されることがあります。QUESTIONをよく読んでから答えてください。

QUESTION

Do you think students should go on school trips?

MEMO

ライティング解答欄

● 指示事項を守り，文字は，はっきりとわかりやすく書いてください。
● 太枠に囲まれた部分のみが採点の対象です。

5

10

15

YES を選んだ場合

I think they should. On these trips, students can make new friends. They can get to know each other better because they spend a lot of time together. Also, students can learn to cooperate. They will have several problems during a trip and have to solve them by working together. Therefore, I believe school trips are important for students.

(59語)

訳

QUESTION：あなたは，生徒は修学旅行に行くべきだと思いますか。

　私は行くべきだと思います。これらの旅行で，生徒たちは新しい友達を作ることができます。彼らは，一緒に多くの時間を過ごすので，お互いをより良く知ることができるのです。また，生徒たちは協力することを学べます。旅行中にはいくつか問題が起こり，彼らは協力することでそれらを解決しなければならないでしょう。したがって，私は修学旅行は生徒にとって重要だと強く思います。

解説

　修学旅行に関する質問で，この解答例では賛成の立場をとる。理由として1つ目にまず「新しい友達ができる」を挙げているが，練習問題の解答例で用いたようなFirst(ly)といった表現を省略していることに注目しよう。2つ目の理由の導入にAlso「また」を使っているので，「第一に」がなくても文章の構造がわかる。まとめの文は，Therefore「したがって」で始めて，質問文の内容を「修学旅行は生徒にとって重要である」と言い換えている。2つ理由を述べた後なので，I believe 〜 .「私は〜と強く思う」と少し表現を強くしていることにも着目しよう。

語句

□ get to *do*　〜するようになる
□ several　いくつかの

□ cooperate [kouá(:)pərèit]　協力する
□ solve　〜を解決する

を選んだ場合

模範解答　　　　　　　　　　　　　　　　　　　))) 06-B

I do not think students should go on school trips. First, students cannot choose where to go. They may be taken to places they do not want to visit. Second, school trips cost a lot. If students do not go on school trips, they will be able to spend that money on other activities they like. （56語）

訳

QUESTION：あなたは，生徒は修学旅行に行くべきだと思いますか。

　私は，生徒は修学旅行に行くべきだと思いません。第一に，生徒はどこに行くかを選ぶことができません。彼らは自分が行きたくない場所に連れていかれるかもしれません。第二に，修学旅行は多くの費用がかかります。生徒は，もし修学旅行に行かなければ，そのお金を自分の好きな他の活動に使えるでしょう。

解説

　修学旅行に反対の立場の解答例である。最初に I do not think で始め，質問文の表現をそのまま利用して自分の立場を表明する。理由としては，「行き先を選べない」と「費用が高い」の2点を挙げた。2つの理由とも，最初にその内容を短くズバリ述べて，次にその内容をより具体的に詳しく説明する。「行き先が選べない」ことから生じる問題点として，自分が望まない場所に連れていかれる可能性があると述べる。「費用が高い」については，それだけでも理由として成立するが，その内容を少し膨らませて，その費用をもっと有効に活用できる可能性があると指摘する。

語句

□ go on a trip　旅行に行く　　　　　　□ where to go　どこに行くか
□ cost a lot　多くの費用がかかる　　　　□ spend A on B　A（お金）をBに使う

Test 2

- あなたは，外国人の知り合いから以下のQUESTIONをされました。
- QUESTIONについて，あなたの意見とその理由を2つ英文で書きなさい。
- 語数の目安は50語〜60語です。
- 解答は，ライティング解答欄に書きなさい。なお，解答欄の外に書かれたものは採点されません。
- 解答がQUESTIONに対応していないと判断された場合は，0点と採点されることがあります。QUESTIONをよく読んでから答えてください。

QUESTION

Do you think it is a good thing for elderly people to have a pet?

MEMO

ライティング解答欄

● 指示事項を守り，文字は，はっきりとわかりやすく書いてください。
● 太枠に囲まれた部分のみが採点の対象です。

5

10

15

YES を選んだ場合

》)) 07-A

模範解答

Yes, I think so. First of all, many elderly people live alone now. If they have a pet, they will not feel lonely. Also, taking care of a pet can keep them healthy. For example, walking a dog regularly is good exercise. In these two respects, I think it is good for elderly people to have pets.

(57語)

訳

QUESTION：あなたは，お年寄りがペットを飼うのは良いことだと思いますか。

　はい，そう思います。まず第一に，現在，多くのお年寄りが1人で暮らしています。ペットを飼えば，彼らは寂しく感じなくなるでしょう。また，ペットの世話をすることで，彼らは健康でいることができます。例えば，定期的に犬の散歩をすることは良い運動です。これら2つの点で，私はお年寄りがペットを飼うのは良いと思います。

解説

　質問は「お年寄りがペットを飼うのは良いことだと思うか」である。この解答例では「賛成」の立場をとる。意見は短く Yes, I think so. と書く。意見は自分の立場を表明するのが目的なので，これでも成立する。1つ目の理由は First of all「まず第一に」で導入し，「一人暮らしのお年寄りが多い」と指摘する。そして，次の文で「ペットを飼えば寂しくなくなる」という利点を説明する。2つ目の理由は Also「また」で始めて，「ペットを飼うことで健康でいられる」と書く。ただし，これだけではなぜ健康でいられるのかイメージしにくいので，次にその具体例として犬の散歩を挙げる。まとめの文を導入する接続表現としては In these two respects「この2つの点で」を用いた。I think の後は質問文の表現を少し変えて表現してある。

語句

□ elderly people　お年寄り
□ walk　（犬など）を散歩させる
□ in these respects　これらの点で
□ keep ～ healthy　～を健康に保つ
□ regularly　定期的に

NO を選んだ場合

模範解答　))) 07-B

I do not think it is a good idea. First, taking care of pets is hard for elderly people. For example, if you have a dog, it will be necessary to walk it every day. Second, having pets is expensive. You will have to buy food for your pets and also take them to the hospital when they are sick.

(60語)

訳

QUESTION：あなたは，お年寄りがペットを飼うのは良いことだと思いますか。

　私は，それは良い考えだと思いません。第一に，ペットの世話をするのはお年寄りにとって大変なことです。例えば，もし犬を飼っていたら，毎日散歩させる必要があるでしょう。第二に，ペットを飼うのには費用がかかります。ペットのえさを買わなければなりませんし，ペットが病気のときには病院に連れていかなければなりません。

解説

　お年寄りがペットを飼うことに反対の立場の解答例である。意見は質問文のgood thingをgood ideaと言い換え，for elderly people以下を省略して短く表現してある。1つ目の理由としては，「ペットの世話はお年寄りには大変である」と指摘する。ただし，これだけだと抽象的すぎてどういう点で大変であるのかわかりにくいので，その具体例として毎日の犬の散歩を挙げる。ちなみに，「犬の散歩」はYesの解答例でも健康維持の例として用いた。このように文脈が変われば同じ例を反対の立場でも用いることができることに着目しよう。2つ目の理由は「費用がかかる」である。この理由は反対の立場の理由として多くの質問で用いることができて便利であるが，使うときには次の文で「どういう点で費用がかかるのか」や「その結果どうなるのか」など，その内容を膨らませて説明する必要がある。この解答例では，具体例として，えさ代と病気になったときの治療費を挙げている。

語句

□ take ～ to the hospital　～を病院に連れていく

Test 3

- あなたは，外国人の知り合いから以下のQUESTIONをされました。
- QUESTIONについて，あなたの意見とその理由を2つ英文で書きなさい。
- 語数の目安は50語〜60語です。
- 解答は，ライティング解答欄に書きなさい。なお，解答欄の外に書かれたものは採点されません。
- 解答がQUESTIONに対応していないと判断された場合は，0点と採点されることがあります。QUESTIONをよく読んでから答えてください。

QUESTION

Do you think it is a good idea to study while listening to music?

MEMO

ライティング解答欄

● 指示事項を守り，文字は，はっきりとわかりやすく書いてください。
● 太枠に囲まれた部分のみが採点の対象です。

5

10

15

YES を選んだ場合

模範解答

I think it is a good idea to study while listening to music. First, it keeps you awake. If you listen to your favorite songs while studying, you are less likely to fall asleep. Second, music makes studying more fun. For example, I can study longer when I listen to music. Therefore, I recommend studying while listening to music.

(59語)

訳

QUESTION：あなたは，音楽を聞きながら勉強するのは良い考えだと思いますか。

　私は音楽を聞きながら勉強するのは良い考えだと思います。第一に，そうすることはあなたの目を覚ましておいてくれます。もし，勉強しているときに好きな曲を聞けば，居眠りしてしまうことは少なくなるでしょう。第二に，音楽は勉強をより楽しくします。例えば，私は音楽を聞いている方が長く勉強できます。したがって，私は音楽を聞きながら勉強することを勧めます。

解説

　質問は「音楽を聞きながら勉強するのは良い考えか」である。この解答例では「賛成」の立場をとる。理由の1つ目として，最初に「そうすると起きていられる」と端的に表現する。次に，その内容をもう少し膨らませ，「好きな曲を聞いていれば居眠りしてしまうことが少ない」と言い換える。2つ目の理由は「音楽は勉強をより楽しくする」とし，次に，具体例として自分の体験を書く。自分の体験を単独で述べても説得力のある理由とならず不適切だが，このように理由をサポートする具体例として述べることは有効である。まとめは，Therefore「したがって」で導入し，I recommend ～.「私は～を勧める」を用い，質問文と同じ内容を違う文構造で表現した。

語句

☐ while ～　～（する）間に
☐ less　より少なく～
☐ fall asleep　眠りに落ちる

☐ awake　目が覚めて
☐ be likely to *do*　～しそうである
☐ recommend　～を勧める

を選んだ場合

模範解答　))) 08-B

I do not think that studying while listening to music is a good idea. First of all, it is an inefficient way of studying. Generally speaking, it is difficult to focus on more than one thing at a time. Also, it may bother other people. Even if you listen to music on headphones, they can still often hear it.

(59語)

訳

QUESTION：あなたは，音楽を聞きながら勉強するのは良い考えだと思いますか。

　私は音楽を聞きながら勉強するのは良い考えだと思いません。まず第一に，それは非効率的な勉強方法です。一般的に言って，一度に複数のことに集中するのは難しいです。また，それは他の人に迷惑をかけるかもしれません。あなたがヘッドホンで音楽を聞いていたとしても，彼らに音が聞こえてしまうことはよくあります。

解説

　「反対」の立場の解答例である。意見は I do not think (that) に続けて，質問文の形式主語を用いた文を動名詞が主語の文に言い換えてある。1つ目の理由は First of all「まず第一に」で導入し，「それは非効率的な勉強方法である」と書く。「非効率的」では抽象的すぎるので，それをより具体的に「一度に複数のことに集中するのは難しい」と言い換える。ただし，強引な独断にならないように，冒頭に Generally speaking「一般的に言って」を用い，さらに impossible「不可能な」ではなく difficult「難しい」を用いた。2つ目の理由は他人の迷惑になることである。ヘッドホンからの音漏れの例を出して，図書館などで勉強する場合に考えられる迷惑の具体的な内容を説明した。

語句
- □ inefficient　非効率的な（⇔ efficient　効率的な）
- □ generally speaking　一般的に言って　　□ focus on ～　～に集中する
- □〈more than one ＋単数名詞〉　複数の～　　□ at a time　一度に
- □ bother　（人）に迷惑をかける　　□ even if ～　たとえ～しても

7日間完成！

英検® 2級

二次試験 面接対策

予想問題集

予想問題【7回分】収録！

動画を見ながら面接の シミュレーションができる

巻頭のカードの二次元コードをスマホで読みとって、動画にかんたんアクセス！ 動画を見ながら7回分の面接が体験できます。あなたが話すターンが来たら、自分の解答を言ってみましょう。

「発音判定機能」で 自分の発音に自信がつく

書籍に掲載したパッセージや解答例は、アプリの「発音判定機能」に対応。アプリを使った音読トレーニングで"発音"の精度を高め、自信をもって本番に臨みましょう。

はじめての二次試験受験に 寄り添った内容&特典

合格ポイントをつめ込んだ問題と、わかりやすい解説。試験会場に持って行けるミニブック「直前10分でいっき読み！面接合格サポートBOOK」も付いています。

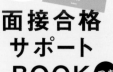

7日間完成！

英検® **2**級

二次試験
面接対策

予想問題集

Gakken